Robert BRASILLACH

POÈMES DE FRESNES

Copyright © 2022 by Culturea
Édition : Culturea, le patrimoine des lettres (Hérault,34)
Mail : info@culturea.fr
Retrouvez notre catalogue sur culturea.fr
Impression : BOD - In de Tarpen 42, Norderstedt (Allemagne)
ISBN : 9782385087920
Dépôt légal : Novembre 2022

ÉPITRE DÉDICATOIRE SUR UN RYTHME DE BOILEAU

Mon cher Jacques Isorni, d'une plume qui grince
J'ai copié pour vous ces chansons un peu minces.
Elles n'ont, je le crains, d'autre mérite vrai
Que d'être le miroir d'un temps mal inspiré,
Et quand vous les lirez, qui sait ? votre mémoire
Pourra ressusciter ces jours de notre histoire,
Les prisons aux grands murs et Fresnes bruissant
Des vaincus qui parfois ont été des puissants.
Mais je voudrais surtout, si, fidèle à mon titre,
J'aligne sur Boileau les vers de mon épître,
Que vous trouviez ici sous le jeu que je fais
L'accent de l'amitié qui me plait étouffé.
Je ne sais pas le temps qu'à cette amitié laissent
Les fantoches narquois qui règlent nos vieillesses,
Je ne sais pas le temps qui nous reste promis,
Mais qu'importe le temps lorsqu'on a des amis.
Et dans une cellule où l'eau sans fin s'écoule.
Mieux qui, dans d'autres lieux, mieux que parmi la foule,
Je crois voir quelquefois le fantôme léger
D'une amitié qui naît filleule du danger,
Et Je me dis alors qu'il me suffit d'y croire
Pour emporter ce temps au fond de ma mémoire
Et pour être bien sûr que le sort long ou court
Ne pourra ruiner le charme de ces jours.

CHANT POUR ANDRÉ CHÉNIER (1774-1944)

Debout sur le lourd tombereau,
A travers Paris surchauffé,
Au front la pâleur des cachots,
Au coeur le dernier chant d'Orphée,
Tu t'en allais vers l'échafaud,
O mon frère au col dégrafé!

Dans la prison où les eaux suintent
Près de toi, les héros légers
Qui furent Tircis ou Aminte,
Riaient de ceux qui les jugeaient,
Refusaient le cri et la plainte,
Et souriaient aux noirs dangers.

La chandelle jetait aux murs
Leurs ombres comme à la dérive.
Les cartes et les jeux impurs
Animaient les jours qui se suivent,
Toi, tu rêvais d'un sort moins dur
Et chantais les jeunes captives.

Le soleil des îles de Grèce
Rayonnait au ciel pluvieux.
Perçait les fenêtres épaisses,
Et les filles aux beaux cheveux
Nageaient autour de toi sans cesse
Sur les vagues, avec les dieux.

Tu souhaitais dans les nuits noires
Une aube encor pour t'éclairer,
Pour pouvoir attendrir l'histoire
Sur tant de justes massacrés,
Pour embarquer sur ta mémoire
Tant de trésors prêts à sombrer.

Avec les flots de l'aventure,
A travers les jours variés,
Les heures vives ou obscures,

Un siècle et demi a passé.
La saison est encore moins sûre,
Voici le temps d'André Chénier.

Sur la prison fermée et pleine
Un monde encore a disparu.
O soleil noir de notre peine,
Une autre foule est dans la rue,
Comme dans la vieille semaine
Demandant toujours que l'on tue.

Dans la cellule où l'eau suinte
Un autre que toi reste assis,
Dédaigneux des cris et des plaintes,
Evoquant les bonheurs enfuis,
Et ranimant dans son enceinte,
Comme toi, les mers de jadis.

Au revers de quelque rempart,
Au fond des faubourgs de nos villes,
Près des murs dressés quelque part,
Les fusils des gardes mobiles
Abattent au jeu du hasard
Nos frères des guerres civiles.

J'entends dans les noirs corridors
Résonner des pas biens pareils
A ceux que tu entends encor
Jusque dans ton pâle sommeil,
Et comme toi le soir je dors
Avec en moi mon vrai soleil.

Près de nous tous, ressuscité,
Le coeur plein de justes colères,
Dans la nuit on t'entend monter,
Du fond de l'ombre froide et claire,
O frère des sanglants étés,
O sang trop pur des vieilles guerres

Et ceux que l'on mène au poteau,
Dans le petit matin glacé,
Au front la pâleur des cachots,
Au coeur le dernier chant d'Orphée,
Tu leur tends la main sans un mot,
O mon frère au col dégrafé...

15 novembre 1944.

I

JE NE SAIS RIEN

Voila quatre jours que je suis enfermé,
Quatre jours que je raye le calendrier
Quatre jours que je ne sais rien.
Un à un, parce qu'il le faut bien,

Au dehors, c'est le bruit de la ville,
A chaque minute claque un coup sourd.
Les mitrailleuses roulent comme des sacs de billes,
Cela dure depuis quatre jours.
Mais il y a aussi des enfants qui jouent,
Et d'autres bruits inconnus et lointains
Mais ma fenêtre est fermée.
            Je ne sais rien.

Quelquefois je pense que c'est le canon
Ou un mortier, je ne m'y connais pas très bien.
La rue s'emplit du bruit des chars ou des camions
Peut-être s'en vont-ils. Est-ce la fin ?
Mais non, tout recommence comme dans un rêve,
Tout s'enchaîne et rien n'a de fin.
Une voix tout-à-l'heure a annoncé une trêve,
Il me semble du moins, car je ne sais rien.

Quand je suis passé dans la ville, à midi,
L'autre jour, il y avait du soleil dans les rues,
On avait mis des drapeaux sur les mairies,
Des garçons passaient avec des brassards inconnus.
Depuis, je ne sais plus rien de ce qui se passe,
Sauf ce qui, à travers ces murs, me revient.
J'entends sans cesse les voitures d'incendie qui passent,
La nuit, le ciel est rouge.
            Je ne sais rien.

Me voici seul comme je ne l'ai jamais été.
Robinson construisant son monde entre ces quatre murs.
Ceux-là que j'aime ? Où sont les miens ?

Dieu les garde de la fureur.
Je ne sais rien.

22 août 1944.

FRESNES

Le parc de Sceaux à l'horizon,
La route des pèlerinages,
Les peupliers et les maisons,
Nous offrent les libres images
Avec lesquelles nos prisons
Essayent de nous tenir sages.

Les quatre murs de la cellule
Sont peuplés quand tombe le soir
Des feux où notre coeur se brûle,
Des spectres que nul ne peut voir,
Dans la foule pourtant circule
Et nous tend les mains dans le noir.

Un sifflet dans les corridors,
Un oeil qui s'ouvre à notre porte,
Un chariot qui repart encor.
Un chaudron que l'on nous apporte,
Semblent bruits qui montent d'un port,
Signaux d'un train ou d'une escorte.

Je pense à ceux qui, des années,
Ont attendu, près des barreaux,
Dans ces bruits de gare étouffée,
L'heure où partira le bateau,
Quand la passerelle est ôtée.
Et qu'on tire l'ancre de l'eau.

21 octobre 1944.

VIENNE LA NUIT

Vienne la nuit que je m'embarque,
Loin des murs que fait ma prison
Elle suffit pour qu'ils s'écartent,
Je retrouve mes horizons.
Que m'importe si l'on me parque
La Nuit abat toutes cloisons.

Avec la nuit je me promène
Sous le soleil des jours anciens.
Je ne vois plus ce qui m'enchaîne,
Le sommeil brise le destin :
Voici la mer, voici la Seine,
Voici les fraîches joues des miens.

Comme dans les camps d'Allemagne,
Chaque nuit, ô Nuit, tu reviens
Me rendre tout ce qu'on éloigne.
Je ferme les yeux sous tes mains,
Je m'embarque, tu m'accompagnes,
Me caresses jusqu'au matin.

O Nuit, ô seul trésor pareil
Pour l'homme libre ou le proscrit,
Je t'ai donc retrouvée, merveille,
Après trois ans te revoici !
Je me rends à ton cher soleil,
Enlève-moi comme jadis.

Sur la paille où sont les soldats,
Tu m'apportais les mêmes songes
Qu'aux heureux dont je n'étais pas.
Aujourd'hui, vers toi je replonge,
O secourable, ô toujours là,
O Nuit qui n'as pas de mensonges.

24 octobre 1944.

8

PAYSAGE DE PRISON

Voici nos biens qui surgissent des brumes,
Voici Paris dans la nuit qui s'allume.
Voici la ville où dorment nos trésors.
Tout est caché derrière les barreaux,
Les arbres roux sont ceux du parc de Sceaux.
Ceux que l'on aime y respirent encor.

Comme un signal au bout de la jetée,
Comme un fanal sur la phare agité,
Voici la Tour, grande fille de fer.
Elle surmonte au-dessus des nuages
Nos diamants, notre or et nos images,
Les cargaisons englouties depuis hier.

O ma jeunesse au fond de ce brouillard,
Reviendras-tu avant qu'il soit trop tard
Pour conjurer les tempêtes encor ?
Ce n'est qu'à toi que je crois et confie
En cet automne où court sans fin la pluie
Mon pauvre coeur menacé par la mort.

24 octobre 1944.

LES NOMS SUR LES MURS

D'autres sont venus par ici,
Dont les noms sur les murs moisis,
Se défont déjà, et s'écaillent.
Ils ont souffert et espéré,
Et parfois l'espoir était vrai,
Parfois il dupait ces murailles.

Venus d'ici, venus d'ailleurs,
Nous n'avions pas le même coeur,
Nous a-t-on dit. Faut-il le croire ?
Mais qu'importe ce que nous fûmes !
Nos visages noyés de brume
Se ressemblent dans la nuit noire.

C'est à vous, frères inconnus,
Que je pense le soir venu,
O mes fraternels adversaires
Hier est proche d'aujourd'hui.
Malgré nous, nous sommes unis
Par l'espoir et par la misère.

Je pense à vous, vous qui rêviez,
Je pense à vous qui souffriez,
Dont aujourd'hui j'ai pris la place.
Si demain la vie est permise,
Les noms qui sur ces murs se brisent
Nous seront-ils nos mots de passe ?

28 octobre 1944.

PSAUME I

L'ouvrage de méchants demeure périssable,
Les idoles d'argent qu'ils se sont élevées
S'écrouleront un jour sur leur base de sable
Et la nuit tombera sur leurs formes rêvées.

O Seigneur, nous qu'ils ont enfermés sous ces portes.
Nous qu'ils ont verrouillés derrière ces verrous,
Nous pour qui les soldats de ces murailles fortes
Font dans les corridors sonner leurs pas à clous,

O Seigneur, vous savez que couchés sur la paille
Ou sur le dur ciment des prisons sans hublot,
Nous avons su garder en nous, vaille que vaille,
L'espoir sans défaillance envers des jours plus beaux.

Nous avons rassemblé les anciennes tendresses,
Nous avons dessiné sur le plâtre des murs
Les magiques portraits de nos saintes jeunesses
Et nos coeurs sans remords savent qu'ils restent purs.

La sottise au dehors dans le sang rouge baigne,
Et l'ennemi déjà s'imagine immortel,
Mais lui seul croit encore au long temps de son règne
Et nos barreaux, Seigneur, ne cachent pas le ciel.

28 octobre 1944.

PSAUME II

Vous avez fait le ciel pour vous-même, Seigneur,
Et la terre d'ici pour les enfants des hommes,
Et nous ne savons pas de plus réels bonheurs
Que les bonheurs cernés par le monde où nous sommes,

Nous voulons bien un jour célébrer vos louanges
Et nous unir aux chants de vos désincarnés,
Mais vos enfants, Seigneur, ils ne sont pas des anges,
Et c'est aux coeurs d'en bas que le coeur est lié.

Pardonnez-nous, Seigneur, de ne pas oser croire
Que le bonheur pour nous ait une autre couleur
Que la joie de la source où nos bouches vont boire
Et du feu où nos mains recueillent la chaleur.

Pardonnez-nous, Seigneur, dans nos prisons captives
De songer avant tout aux vieux trésors humains,
Et de nous retourner toujours vers l'autre rive
Et d'appeler hier plus encore que demain.

Pardonnez-nous, Seigneur, si nos âmes charnelles
Ne veulent pas quitter leur compagnon le corps,
Et si je ne puis pas, ô terre fraternelle,
Goûter de l'avenir une autre forme encor.

Car les enfants pressés contre notre joue d'homme,
Les êtres qu'ont aimés nos coeurs d'adolescents
Demeurent à jamais devant ceux que nous sommes,
L'espoir et le regret les plus éblouissants.

Et nous ne pourrions pas, pétris de cette terre,
Rêver à quelque joie où ne nous suivraient pas
La peine et le plaisir, la nuit et la lumière
Qui brillaient sur le sol ou marquèrent nos pas.

30 octobre 1944.

12

LE CAMARADE

Nous l'avons vu qui franchissait la porte,
Nous l'avons vu qui détournait le front,
Nous l'avons vu, dans la nuit juste morte,
Qui s'en allait à travers la prison.

Nous l'avons vu, comme déjà tant d'autres
Hors de ces murs et vers les jugements,
Qu'ils soient ou non comptés parmi les nôtres
S'en sont allés, si fraternellement.

Nous l'avons vu vers les édits des hommes
Par ce matin d'automne pourrissant,
Nous l'avons vu, pareil à qui nous sommes,
Marcher tranquille et même un peu riant.

Nous l'avons vu dans cette aube suintante.
Nous l'avons vu parmi les au-revoir,
Et nous avons commencé notre attente
Le verrons-nous lorsque viendra le soir ?

3 novembre 1944.

PSAUME III

Il vient auprès de moi tous les captifs du monde,
De ce monde total fermé de barbelés,
Et je songe à la nuit où leurs ombres se fondent,
Où tous leurs désaccords paraissent jumelés

Il vient auprès de moi les captifs de la terre,
Ceux qui se sont battus, ceux qui se sont haïs,
Maintenant rassemblés par la même misère,
Et parmi leurs prisons à jamais réunis.

Voici, je reconnais vos formes dissemblables.
O mes frères captifs des multiples cachots,
Vos camps dans la tourbière où souffle un vent de sable,
Votre cellule étroite avec ses neuf barreaux.

Le soldat prisonnier contemple son mirage
Sous les noirs miradors où veille un gardien gris
Et depuis tant d'années fait lever les images
D'un pays effacé et d'un foyer pâli.

Traînant hors de l'oubli leur peine sans figure,
Ceux-là dont nul ne sait à tout jamais plus rien,
Les déportés perdus dans les landes obscures
Se sont levés dans l'ombre et me tendent la main.

Les ouvriers parqués dans l'enclos des baraques,
Les condamnés errant dans les mines de sel,
Les évadés furtifs que les polices traquent
Sortiront bien un jour du silence mortel.

Il ne distingue plus les traits de ces fantômes,
Ils sont pareils, ils vont, marchant du même pas,
Les épaules courbées sous le mal d'être un homme
Et fraternellement ils me parlent tout bas.

Seigneur, voici venir les captifs de la terre.
Seigneur vous avez fait les libres horizons,
Mais l'homme seul a fait la prison et la guerre.

Seigneur, ce n'est pas vous qui faites les prisons.

Faites que quelque jour de leurs terres lointaines
Quittent leurs durs ennuis les captifs et partout,
Faites qu'ils laissent là leurs verrous et leurs chaînes
Et que tous les absents soient présents parmi nous.

6 novembre 1944.

PSAUME IV

Seigneur, voici couler le sang de la patrie.
J'entends le bruit qu'il fait en tombant sur la terre,
Le bruit sourd, en cinq ans de luttes ennemies.
De ces gouttes tombant du corps de tant de frères.

Seigneur, voici couler le sang de notre race,
Sang du combat guerrier, sang des guerres civiles,
Sang des foyers noircis que quelque flamme efface,
Sang de ceux qu'on fusille aux fossés de nos villes.

Seigneur, voici couler le sang de notre terre.
Le sang qui a coulé n'est jamais qu'un sang pur,
Et le voici mêlé, le sang des adversaires,
Figé sur nos pavés comme un verglas plus dur.

Seigneur voici couler le sang de nos garçons,
Il a tout recouvert la patrie déchirée.
Quand verrons-nous jaillir, ô tardive saison,
De tout ce sang versé la moisson désirée?

9 novembre 1944.

MON PAYS ME FAIT MAL

Mon pays m'a fait mal par ses routes trop pleines,
Par ses enfants jetés sous les aigles de sang,
Par ses soldats tirant dans les déroutes vaines,
Et par le ciel de juin sous le soleil brûlant.

Mon pays m'a fait mal sous les sombres années,
Par les serments jurés que l'on ne tenait pas,
Par son harassement et par sa destinée,
Et par les lourds fardeaux qui pesaient sur ses pas.

Mon pays m'a fait mal par tous ses doubles jeux,
Par l'océan ouvert aux noirs vaisseaux chargés,
Par ses marins tombés pour apaiser les dieux,
Par ses liens tranchés d'un ciseau trop léger.

Mon pays m'a fait mal par tous ses exilés,
Par ses cachots trop pleins, par ses enfants perdus,
Ses prisonniers parqués entre les barbelés,
Et tous ceux qui sont loin et qu'on ne connaît plus.

Mon pays m'a fait mal par ses villes en flammes,
Mal sous ses ennemis et mal sous ses alliés,
Mon pays m'a fait mal dans son corps et son âme,
Sous les carcans de fer dont il était lié.

Mon pays m'a fait mal par toute sa jeunesse
Sous des draps étrangers jetée aux quatre vents,
Perdant son jeune sang pour tenir les promesses
Dont ceux qui les faisaient restaient insouciants,

Mon pays m'a fait mal par ses fosses creusées
Par ses fusils levés à l'épaule des frères,
Et par ceux qui comptaient dans leurs mains méprisées
Le prix des reniements au plus juste salaire.

Mon pays m'a fait mal par ses fables d'esclave,
Par ses bourreaux d'hier et par ceux d'aujourd'hui,
Mon pays m'a fait mal par le sang qui le lave,

Mon pays me fait mal. Quand sera-t-il guéri ?

18 novembre 1944.

PSAUME V

Exilés sur le bord des eaux de Babylone
Nous avons suspendu nos souvenirs, Seigneur,
Aux arbres dépouillés par les pluies de l'automne,
Et rappelons ainsi le passé dans nos coeurs.

On nous dit de chanter sur la terre étrangère
Les chansons qui berçaient les jours évanouis,
On voudrait voir monter de nos longues misères
Le dérisoire appel des plaisirs de jadis.

Et parfois reprenant sur l'invisible fleuve
Nos vieux chants d'autrefois de nos bouches fermées,
Nous nous laissons aller aux espérances neuves
Et ranimons l'éclat des choses bien-aimées.

Nous ne demandions rien, ô Seigneur, cependant,
Que les moindres trésors de ce qu'on nomme vivre,
Les amis de jeunesse et les joues des enfants,
La maison et la mer, et la Seine, et les livres.

Nous ne demandions rien, ô Seigneur, ou bien peu
Le lit où reposer dans la nuit notre tête.
La plus modeste joie et le plus petit feu,
La cendre qu'aujourd'hui disperse la tempête.

Nous n'étions pas, Seigneur, tellement difficiles,
Nous n'avions pas besoin de gloire ni d'argent,
Seulement du murmure amical de la ville,
Nous n'étions pas, Seigneur, tellement exigeants.

Et maintenant qu'au bruit que fait le vent d'automne,
Tout s'est évanoui de ce que nous aimions,
Exilés sur le bord des eaux de Babylone,
Vaut-il pas mieux se taire, ô captifs de Sion?

Par le silence seul qui tombe sur la rive
Reste digne du chant des printemps disparus,
Et jette, sur le feu des blessures captives

Le baume sous lequel le coeur ne saigne plus.

22 novembre 1944.

NOËL EN TAULE

Qu'importe aux enfants du hasard
Le verrou qu'on tire sur eux :
Noël n'est pas pour les veinards,
Noël est pour les malchanceux.
Voici la nuit : il n'est pas tard.
Mais la cloche tinte pour eux.

Bon Noël des garçons en taule,
Noël des durs et des filous,
Ceux dont la vie ne fut pas drôle,
La fille que bat le marlou,
Le gars qui suivait mal l'école,
Ils te connaissent comme nous.

Noël derrière les barreaux,
Noël sans arbre et sans bonhomme,
Noël sans feu et sans cadeaux,
C'est celui des lieux où nous sommes,
Où d'autres ont joué leur peau,
Sur la paille dormi leur somme.

Les chefs qui lâchent leurs garçons,
Ceux qui s'enfuient, ceux qui sont riches,
Boivent sec dans leurs réveillons
De la Bavière ou de l'Autriche,
Mais nous autres dans nos prisons,
Nous sommes contre ceux qui trichent.

Je t'adopte, Noël d'ici,
Bon Noël des mauvaises passes :
Tu es le Noël des proscrits,
De ceux qui rient dans les disgrâces,
Des pauvres bougres qu'on trahit,
Et des enfants de bonne race.

Nous savons qu'au dehors, ce soir,
Les amis et les coeurs fidèles,
Les enfants ouvrant dans le noir,

Malgré le sommeil, leurs prunelles,
Évoquent l'heure du revoir
Et tendent leurs mains fraternelles.

Et pour revoir, gens du dehors,
Le vrai Noël de nos enfances,
Il suffit de fermer encor
Nos yeux sur l'ombre de l'absence,
Pour dissiper le mauvais sort
Et faire flamber l'espérance.

Noël 1944.

LE JUGEMENT DES JUGES

Ceux qu'on enferme dans le froid, sous les serrures solennelles,
Ceux qu'on a de bure vêtus, ceux qui s'accrochent aux barreaux,
Ceux qu'on jette la chaîne aux pieds dans les cachots sans soupiraux,
Ceux qui partent les mains liées, refusés à l'aube nouvelle,
Ceux qui tombent dans le matin, tout disloqués à leur poteau,
Ceux qui lancent un dernier cri au moment de quitter leur peau,
Ils seront quelque jour pourtant la Cour de Justice éternelle.

Car avant même de juger le criminel et l'innocent,
Ce sont les juges tout d'abord qu'il faudra bien que l'on rassemble.
Qui sortiront de leurs tombeaux, du fond des siècles, tous ensemble,
Sous leurs galons de militaire ou leur robe couleur de sang,
Les colonels de nos falots, les procureurs dont le dos tremble.
Les évêques qui, face au ciel, ont jugé ce que bon leur semble,
Ils seront à leur tour aussi à la barre du jugement.

Quand la trompette sonnera, ce sera le premier travail !
Mauvais garçons, de cent mille ans vous n'aurez eu tant de besogne
Pour tuer ou pour dérober vous n'aviez guère de vergogne,
Mais vous avez bien aujourd'hui à soigner un autre bétail
Regardez dans le petit jour, c'est le chien du berger qui grogne,
Il mord leurs mollets solennels, et le fouet claque à votre poigne.
Rassemblez les juges ici dans l'enceinte du grand foirail.

Pour les juger, je vous le dis, nous aurons sans doute les saints.
Mais les saints ne suffisent pas pour énoncer tant de sentences.
Ceux qu'on a jugés les premiers, autrefois, pendant l'existence,
Comme il est dit au Livre Vrai, ne seront jugés qu'à la fin.
Ils jugeront d'abord le juge, ils pèseront les circonstances.
A leur tour alors d'écouter l'attaque autant que la défense.
Les juges vont enfin passer au tribunal du grand matin.

Les tire-laine dans la nuit, les voleurs crachant leurs poumons,
Les putains des brouillards anglais accostant les passants dans l'ombre,
Les déserteurs qui passaient l'eau happés dans le canot qui sombre,
Les laveurs de chèques truqués, les nègres saoûls dans leurs boxons,
Les gamins marchands d'explosifs, les terroristes des jours sombres,
Les tueurs des grandes cités serrés par les mouchards sans nombre,

Avant d'être à nouveau jugés feront la grande Cassation.

On les verra se rassembler, montant vers nous du fond des âges,
Ceux qui, les raquettes aux pieds, parmi les neiges du Grand Nord
Ont frappé au bord des placers leurs compagnons les chercheurs d'or,
Ceux qui, dans la glace et le vent, au comptoir des saloons sauvages
Ont bu dans les verres grossiers, l'alcool de grain des hommes forts,
Et qui, négligents de la loi, confondant l'oubli et la mort,
Ont rejeté les vieux espoirs de gagner les tièdes rivages.

Ils s'assiéront auprès de ceux qui ont tiré dans les tranchées,
Et puis qui ont dit non, un jour, fatigués des années d'horreur,
Des soldats tués pour l'exemple et des décimés par erreur,
Et près des durs, des militants de toutes les causes gâchées,
De ceux qui tombent en hiver sous les balles des fusilleurs,
De ceux qu'enferment aux cachots les polices des Empereurs,
Et des jeunesses de partout par leurs chefs en fuite lâchées.

Oui, tous, les soldats, les bandits, on leur fera bonne mesure
Ne craignez pas, hommes de bien, ils seront jugés eux aussi.
Mais c'est à eux, pour commencer, qu'il convient de parler ici,
Car la parole est tout d'abord à ceux qui courent l'aventure,
Et non à ceux qui pour juger se sont satisfaits d'être assis,
De poser sur leur calme front leur toque noire ou leur képi,
Et de payer d'un peu de sang leur carrière et leur nourriture.

Les adversaires d'autrefois pour ce jour se sont accordés,
Les justes traînés au bûcher sont auprès des mauvais enfants,
Car les juges seront jugés par coupables et innocents.
Au-delà des verrous tirés qui d'entre eux pourra aborder ?
Qui verra ses lacets rendus, sa cravate et ses vêtements
Socrate juge la cité, Jeanne signe le jugement,
Et à la Cour siègent ce soir la Reine et Charlotte Corday.

Ils passeront, ils répondront, aux tribunaux des derniers jours,
Ceux-là qui avaient tant souci de garder leur hermine blanche,
Et les cellules s'ouvriront, sans besoin de verrou ni clenche.
À la cour du Suprême Appel, ce n'est pas les mêmes toujours,
O frères des taules glacées, qui seront du côté du manche.
Les pantins désarticulés attachés au poteau qui penche

Se dresseront pour vous entendre, ô juges qui demeuriez sourds.

Et ceux qui ont passé leurs nuits à remâcher leurs mauvais rêves,
Les pâles joueurs de couteau, les héros morts pour leur combat,
Les filles qui sur le trottoir glissent la drogue dans leur bas,
Ceux-là qui pendant des années ont perdu leur sang et leur sève
Par le juge et par le mouchard, et par Caïphe et par Judas,
Ils verront le grand Condamné. roi des condamnés d'ici-bas,
Ouvrir pour juges et jurés le temps de la grande relève.

13 janvier 1945.

II

LE TESTAMENT D'UN CONDAMNE

L'an trente-cinq de mes années,
Ainsi que Villon prisonnier,
Comme Cervantès enchaîné,
Condamné comme André Chénier,
Devant l'heure des destinées,
Comme d'autres en d'autres temps,
Sur ces feuilles mal griffonnées
Je commence mon testament.

Par arrêt, des biens d'ici-bas
On veut me prendre l'héritage.
C'est facile, je n'avais pas
Terre ou argent dans mon partage.
Et mes livres et mes images
On peut les disperser aux vents
La tendresse ni le courage
Ne sont objets de jugement.

En premier mon âme est laissée
A Dieu qui fut son Créateur,
Ni sainte ni pure, je sais,
Seulement celle d'un pécheur,
Puissent dire les saints français,
Qui sont ceux de la confiance,
Qu'il ne lui arriva jamais
De pécher contre l'espérance.

Quel don offrir à ma patrie
Qui m'a rejeté d'elle-même?
J'ai cru que je l'avais servie
Même encore aujourd'hui je l'aime.
Elle m'a donné mon pays
Et la langue qui fut la mienne.
Je ne puis lui léguer ici
Que mon corps en terre inhumaine.

Et puis, je laisse mon amour,
Et mon enfance avec mon coeur,
Le souvenir des premiers jours,
Le cristal, le plus pur bonheur,
Ah ! je laisse tout ce que j'aime,
Le premier baiser, la fraîcheur,
Je laisse vraiment tout moi-même,
Ou, s'il existe, le meilleur.

A toi, à la première image,
Au sourire sur mon berceau,
A la tendresse et au courage,
A la fééérie des jours si beaux.
Soleil même dans les sanglots,
Fierté aux temps les plus méchants,
Pour qui rien ne change à nouveau
L'âge qu'a toujours ton enfant.

Et pour toi, ma soeur, mon amie,
(J'ai passé, ah ! si peu de temps
Loin de toi, toute notre vie
Nos coeurs du même battement
Ont battu). Ce que je laisse
C'est nos greniers des vieux printemps,
C'est les jeux de notre jeunesse,
Nos promenades d'étudiants.

C'est parmi la neige glacée,
La gaieté qui restait la tienne,
Le sourire que tu faisais
Par delà les grilles lointaines,
Toi si fière, ô toi indomptée,
Rieuse parmi les déveines,
Mon amie de tous nos étés,
Ma soeur des joies comme des peines.

A toi encor que j'ai vu naître,
Comme une enfant de mes douze ans,
Petite soeur, à la fenêtre
Tu vins aussi aux jours pesants.

A toi tout ce qui nous assemble,
Le mépris des coeurs trop fuyants,
Le silence qui nous ressemble,
Et l'amour qui n'est pas bruyant.

Petits enfants de ma maison,
O vous qui ne m'oublierez pas,
(Et peut-être d'autres viendront)
Vous m'avez donné ici-bas
Vos joues, l'étreinte de vos bras,
Votre sommeil sur qui je veille :
Je vous appelle ici tout bas,
Je vous rends toutes ces merveilles.

Et maintenant, à toi, Maurice
A toi, frère de ma jeunesse,
Que te donnerai-je qui puisse
N'être à toi de ce que je laisse ?
Voici Paris qui fut à nous,
Voici Florence qui se dresse,
Et, sur les chemins secs et roux,
Voici notre Espagne sans cesse.

Mais voici surtout, ô mon frère,
Le coeur de notre adolescence
Nul hasard ne le désespère,
A tout il garde confiance.
Au destin même bien masqué
Nous disions oui d'une voix claire,
Quel qu'il fût. Et rien n'a manqué
Aux cadeaux qu'il pouvait nous faire.

Bien ou mal, acceptons le lot !
Je le lui rends, tout pêle-mêle.
Mais je te laisse le plus beau,
Nos dix-sept ans, l'aube nouvelle,
La couleur du matin profond,
Nos années pareilles et belles,
Les enfants dans notre maison,
Et notre jeunesse immortelle.

Et puis, voici, pour mes amis,
Chacun leur carte-souvenir.
Vous d'hier, et vous d'aujourd'hui,
Vous m'entourez sans vous enfuir,
Vous allumez sur mon passage
Le plus beau feu de l'avenir.
Je tends mes mains à vos images,
Elles me gardent de frémir.

Cher José, voici la Cité,
Et la Cour de Louis-le-Grand.
Georges, pour un futur été,
Voici la route dans les champs.
Henri, voici les quais de Seine,
Et les livres à feuilleter,
Et le pays de la Sirène
Que nous aurions dû visiter.

Voici les Noëls de Vendôme,
Notre-Dame des pèlerins.
Le passé fut si beau en somme
Qu'il ne faut blâmer le destin.
Jusqu'au bout de nos années d'homme
Nous aurons gardé le meilleur,
Le savoir de ce que nous sommes,
La jeunesse de notre coeur.

Et pour toi, depuis si longtemps
De l'adolescence surgie,
Je n'ai que d'étranges présents
A te laisser, ô mon amie :
Moins de joie, c'est sûr, que de peines,
L'asile où j'abritais ma vie
Au coeur des mauvaises semaines,
Et ce qui jamais ne s'oublie.

Pour vous, les frères de la guerre,
Les compagnons des barbelés,
Fidèles dans toutes misères,

Vous ne cessez de me parler.
Voici nos neiges sur le camp,
Voici nos espoirs d'exilés,
Notre attente de si longtemps,
Notre foi que rien n'a troublée.

Et vous, garçons de mon pays,
Voici les mots que nous disions,
Nos feux de camp parmi la nuit,
Et nos tentes dans les buissons.
Vous le savez mieux que personne,
J'ai voulu garder ma patrie
Du sang versé, et je vous donne
Ce sang gardé, ô mes amis.

Cher Well, notre sainte colline,
Le petit peuple du marché,
Le rue grouillante où l'on chemine,
Les charrettes des maraîchers,
Ils sont à toi, ami têtu,
Qui dans l'ombre toujours devines
Ce que l'espoir jamais battu
Malgré l'apparence dessine.

Et pour vous les derniers venus,
Compagnons des sombres journées,
O captifs des cachots reclus,
Gardez mes heures condamnées,
Gardez le froid, gardez l'ennui :
Pour ceux qui ne les auraient plus,
Ce sont des trésors eux aussi.
Avec vous je les ai connus.

Quelques ombres, quelques visages
Ont droit encore à quelques grains
Finissons vite le partage
Avant que vienne le destin.
Tous ceux-là qui, garçons ou filles,
Sont venus couper mon chemin
Peuvent bien dans la nuit qui brille

Attendre avec moi le matin.

Pour eux tous j'avais les mains pleines
Elles sont vides maintenant
Des images les plus lointaines,
Du passé le plus émouvant.
Je ne garde pour emporter
Au-delà des terres humaines
Loin des plaisirs de mes étés,
Des amitiés qui furent miennes,

Que ce qu'on ne peut m'enlever,
L'amour et le goût de la terre,
Le nom de ceux dont je rêvais
Au coeur de mes nuits de misère,
Les années de tous mes bonheurs
La confiance de mes frères,
Et la pensée de mon honneur
Et le visage de ma mère.

Fresnes, 22 janvier 1945

CHANSON

La vie s'écoule entre mes doigts...
Ce n'est pas une image en somme,
La vie s'écoule entre mes doigts,
Je sens l'eau qui fuit de mes paumes.

Je pourrais faire sur le mur
Le compte strict de mes journées,
Je pourrais mettre sur le mur
Ma vie bien vite dessinée.

Tant de choses sont contenues
Dans le cercle de deux semaines,
Tant de choses sont contenues
La joie ensemble avec la peine.

En quelques jours brefs et étranges,
Plus riches qu'aucun jour passé,
En quelques jours brefs et étranges,
Toute la chance est entassée.

Comme un peu d'eau prise à la source,
Toute la vie pour le buveur
Est là comme prise à la source.
Il fallait bien garder l'honneur.

25 janvier 1945.

BIJOUX

Je n'ai jamais eu de bijoux,
Ni bagues, ni chaînes aux poignets,
Ce sont choses mal vues chez nous
Mais on m'a mis la chaîne aux pieds.

On dit que ce n'est pas viril,
Les bijoux sont faits pour les filles
Aujourd'hui comment se fait-il
Qu'on m'a mis la chaîne aux chevilles ?

Il faut connaître toutes choses,
Être curieux du nouveau :
Étrange est l'habit qu'on m'impose
Et bizarre le double anneau.

Le mur est froid, la soupe est maigre,
Mais je marche, ma foi, très fier,
Tout résonnant comme un roi nègre,
Paré de ses bijoux de fer.

29 janvier 1945

L'ENFANT HONNEUR

Au berceau de l'enfant Honneur
On a vu deux fées apporter
Deux présents pour l'enfant Honneur
Le courage avec la gaieté.

- A quoi, dit-on à la première,
Sertt un présent comme le vôtre ?
- Presqu'à rien répond la première
A donner du courage aux autres.

- L'autre, dit-on à la seconde,
N'est-il pas de trop pour l'Honneur?
- Un enfant, répond la seconde,
A toujours besoin d'une fleur.

30 janvier 1945.

PSAUME VI

Ma vie est un oiseau aux filets du chasseur:
Voici le dernier acte et l'ultime seconde.
Ce qui est impossible aux promesses du monde
Reste possible encor, mais à vous seul, Seigneur.

Voici le dernier acte et l'ultime seconde :
Laissez-moi le courage à défaut d'autre bien
Il en faut pour briser les plus étroits liens,
Et ce n'est plus qu'en vous que mon espoir se fonde.

Ce qui est impossible aux promesses du monde
Est plus dur que passer par le trou d'une aiguille,
Mais vous pouvez laisser avant que l'éclair brille
Flotter notre radeau sur l'océan sans sonde.

Tout est possible encor, mais à vous seul, Seigneur.
Ce peu de jours qui reste est tenu dans vos mains.
S'approche l'oiseleur avec son sac au poing
Ma vie est un oiseau aux filets du chasseur.

1er février 1945.

PSAUME VII

J'ai passé cette nuit au mont des Oliviers
Étais-je auprès de vous, bien indigne, Seigneur ?
Je ne sais, mais la chaîne était lourde à mes pieds
Et je suais aussi, comme vous ma sueur.

Ce n'est pas sans grand mal, voyez-vous, qu'on arrache
Notre coeur aux seuls biens, auxquels il fut voué,
Et l'Ange vient trancher plutôt qu'il ne détache
Le fil de ce bateau que vous aviez noué.

Vous avez trop connu cette terre où nous sommes,
Vous avez trop aimé l'air que nous respirions
Pour n'avoir pas souffert ce que souffrent les hommes
Et n'avoir pas gémi dans votre Passion.

Ah ! si demain, Seigneur, du jardin des Olives,
Je pouvais repartir vers le monde qu'on voit,
Laissez-moi boire encor aux fontaines d'eaux vives
Et laissez s'éloigner cette coupe de moi.

Mais s'il vous faut encor mon attente, Seigneur,
S'il vous faut l'aube noire et la plus dure peine,
Prenez l'arrachement et prenez la douleur,
Que votre volonté soit faite, et non la mienne.

3 février 1945.

GETHSÉMANI

SELON MATHIEU.

Je monte vers Gethsémani
Tout au long de la nuit obscure.
La nuit est longue, la nuit dure,
O nuit, odeur de l'agonie.

Autour de moi rien ne subsiste
De tout cela que je rêvais.
Jusqu'à la mort, mon âme est triste,
Mon âme est triste, il faut veiller.

SELON MARC.

Père, est-il vrai que vienne l'aube ?
Qu'approche celui qui me livre ?
Que ce calice se dérobe !
Que le matin me laisse vivre

Mais s'il faut bien que je m'apprête,
Si nul ne peut rompre mes chaînes,
Que votre volonté soit faite,
La vôtre, Père, et non la mienne

SELON LUC.

Les miens sont endormis encor,
Accablés sous l'immense peine,
La sueur coule de mon corps,
Le sang s'écoule de mes veines.

Est-ce un Ange qui vient vers moi ?
Ses paumes sont douces et fortes,
Il rafraîchit mon désarroi,
Il me parle et me réconforte.

SELON JEAN.

Si viennent juges et vendus,
Père, je pourrai leur jurer
Que personne ne s'est perdu
De ceux qu'on m'avait confiés.

J'aurai gardé de l'aventure
Ceux-là qui ont su m'écouter.
La nuit est longue, la nuit dure,
Mais j'y maintiens cette fierté.

Si longue soit-elle et si dure,
En souvenir de l'agonie,
Seigneur, et de ta nuit obscure,
Sauve-moi de Gethsémani !

3 février 1945.

LAZARE

Tout, quand vous voulez, Seigneur, est possible,
Le verrou se tire au seuil du cachot,
Le fusil s'abaisse au bord de la cible,
Les morts qu'on pleurait sortent du tombeau.

Devant le tombeau, vous pleuriez aussi,
Devant le tombeau où dormait Lazare :
Aux jours de ce monde il fut votre ami,
Vous avez brisé ses sombres amarres.

Compagnon de Dieu, Lazare mon frère,
Viendrez-vous demain, viendrez-vous ce soir,
O vous né deux fois aux joies de la terre,
Patron à jamais des derniers espoirs ?

Près du monument se tient invisible
La petite fille aux yeux de matin.
Tout, quand vous voulez, Seigneur, est possible,
L'enfant Espérance a joint les deux mains.

Je remets, Seigneur, aux plis de sa robe
La peine des miens, l'étreinte du coeur :
Que l'enfant me rende, à l'heure de l'aube
Le jour de la terre, - ou, sinon, d'ailleurs.

4 février 1945,

AUX MORTS DE FÉVRIER

Les derniers coups de feu continuent de briller
Dans le jour indistinct où sont tombés les nôtres.
Sur onze ans de retard, serai-je donc des vôtres ?
Je pense à vous ce soir, ô morts de Février.

5 février 1945

LA MORT EN FACE

6 février 1945

Si j'en avais eu le loisir, j'aurais sans doute écrit le récit des journées que j'ai vécues dans la cellule des condamnés à mort de Fresnes, sous ce titre. On dit que la mort ni le soleil ne se regardent en face. J'ai essayé pourtant. Je n'ai rien d'un stoïcien, et c'est dur de s'arracher à ce qu'on aime. Mais j'ai essayé pourtant de ne pas laisser à ceux qui me voyaient ou pensaient à moi une image indigne. Les journées, les dernières surtout, ont été riches et pleines. Je n'avais plus beaucoup d'illusions, surtout depuis le jour où j'ai appris le rejet de mon pourvoi en cassation, rejet pourtant prévu. J'ai achevé le petit travail sur Chénier que j'avais commencé, j'ai encore écrit quelques poèmes. Une des mes nuits a été mauvaise, et le matin j'attendais. Mais les autres nuits, ensuite, j'ai dormi bien calmement. Les trois derniers soirs, j'ai relu le récit de la Passion, chaque soir, dans chacun des quatre Évangiles. Je priais beaucoup et c'est la prière, je le sais, qui me donnait un sommeil calme. Le matin, l'aumônier venait m'apporter la communion. Je pensais avec douceur à tous ceux que j'aimais, à tous ceux que j'avais rencontrés dans ma vie. Je pensais avec peine à leur peine. Mais j'essayais le plus possible d'accepter.

Robert Brasillach